AF474516

# HISTOIRE

DE

# L'ÉGLISE DE LA FERTÉ-BERNARD.

(SARTHE).

---

MAMERS,

IMPRIMERIE DE JULES FLEURY.

MDCCCXLIV.

# ÉGLISE

DE

# LA FERTÉ-BERNARD.

**A M$^{gr.}$ J.-B. BOUVIER,**

Évêque du Mans.

**Les antiquaires, occupés à explorer un pays jusqu'alors inconnu pour eux, perdent beaucoup de temps, et risquent beaucoup d'erreurs, à interroger les monuments muets qui subissent leur**

examen. Les questions qu'ils agitent étant, presque exclusivement, des questions de chronologie, il leur faut étudier une foule de détails, recourir à des analogies périlleuses, à des inductions souvent forcées, pour déterminer l'âge d'un monument, et ils paient ainsi un résultat médiocre par des travaux d'autant plus pénibles qu'ils sont moins sûrs.

Un autre inconvénient nait de cette préoccupation exclusive : à force de chercher les vieilles dates, nos savants perdent de vue la question toujours vivante, la question de l'Art : sans doute ils décrivent le monument, mais ils le décrivent en vue de leur problême archéologique, et tous les inventaires minutieux qu'ils font ou font faire des églises, des châteaux, des objets précieux ou rares, seraient privés de leur intérêt le plus apparent, le jour où, par un miracle quelconque, on découvrirait une table authentique, indiquant avec certitude l'époque précise où chacune de ces reliques du passé est venue charmer ou étonner les générations contemporaines.

C'est donc rendre un véritable service aux explorateurs de monuments, que de leur dire, de prime abord, le mot de l'énigme, et, en leur livrant l'histoire de la fondation et des développements d'une église, par exemple, de les encourager à entreprendre une autre tâche, à décrire dans un autre but, à laisser de côté l'instrument scientifique dont ils n'ont plus besoin, pour envisager la question d'art, bien plus attrayante pour eux et pour tous.

Grâce à la publication qui va suivre, l'église de la Ferté rentrera désormais dans la classe des monuments dont la chronologie ne réclame plus de commentaires, et qui s'offrent d'eux-mêmes, débarrassés de ces mille chicanes d'origines, à l'admiration naïve ou raisonnée des voyageurs.

Cette église a tout ce qu'il faut

pour attirer l'attention. La grande route de Paris à Nantes traverse la Ferté-Bernard, et la physionomie de la ville porte un caractère tranché. De vieilles fortifications en ruines forment son enceinte; çà et là, une tour crevassée s'élève au milieu des jardins; une porte de ville, d'où il semble que la herse de fer soit encore suspendue, nous montre ses toits aigus et ses ornements gothiques: quelques maisons sculptées en bois frappent les regards de l'artiste, et de magnifiques prairies, qui s'étendent à plusieurs lieues, lui offrent de frais paysages et des points de vue infinis. Pendant la Révolution, il fut question de substituer au nom de la Ferté-Bernard, que l'on suspectait sans doute de féodalité, le nom, charmant selon nous, de la Ferté-Prairial.

Outre les souvenirs historiques que lui ont laissés les guerres de la Ligue, la Ferté-Bernard possède sa précieuse église de la Renaissance. On verra, par la notice que nous imprimons aujourd'hui, que peu d'églises ont une histoire aussi nette, une chronologie aussi précise: ses archives contiennent des renseignements sans nombre, et ses murailles même portent, en divers endroits, la date de l'exécution des travaux, et jusqu'aux noms des travailleurs. Le château de Chambord n'a pas eu le même privilége, lui dont le grand architecte est resté inconnu.

L'extérieur de cette église, dont

la nef appartient au style ogival et le chœur au style de la Renaissance, est orné à l'infini de feuillages, de ciselures, de culs-de-lampe, de figures d'hommes, de femmes et d'animaux, dans les positions les plus bizarres.

Des médaillons placés entre chaque fenêtre, du côté de la place, contiennent des bustes antiques (quelques uns sont apocryphes, hélas!) avec leurs noms: Julius Cœsar, Cleopatra, Augustus imp., Tiberius imp., etc. etc. Au-dessus des bustes, on lit des inscriptions comme celles-ci : « *Soy taire ou bien dire ; Espoir en Dieu.* » Cette dernière devise couronne le buste de Cléopâtre.

La balustrade est à jour, et ornée de statuettes, séparées entre elles par des colonnes.

Nous avons aussi remarqué quatre personnages allégoriques, représentant les quatre tempéraments admis par l'ancienne médecine : *le Colérique, le Sanguin, le Fleumatique, le Melencolique.*

Celui-ci a un bandeau sur les yeux.

On y voit encore le roi de France, entouré de ses douze pairs avec leurs armes.

Après cette galerie de figures, la balustrade se modifie tout-à-coup: elle se compose d'une série de lettres ornées, d'un travail merveilleux: ces lettres ont un sens: c'est le *Salve Regina* qui tourne autour de l'église.

Au-dessus, une nouvelle galerie se développe: c'est le *Regina Cœli* qui monte vers le ciel, avec son cortège de dates, d'ornements et de fleurs sculptées.

Quoi de plus poétique et de plus beau que ces hymnes de pierre qui s'élèvent vers Marie, et servent à son temple de ceinture et de diadême!

L'intérieur de l'église n'est pas moins riche en beautés et en détails de tout genre. Les fenêtres sont ornées de vitreaux splendides, et quelques unes des chapelles latérales étonnent l'imagination par la richesse et la profusion des ornements.

Un souvenir se rattache à l'église de la Ferté: le 1$^{er}$ juin 1610, le cœur de Henri IV, légué par lui au collége de la Flèche, fut introduit dans l'église, sous l'escorte de deux R. P. Jésuites: un service fut célébré, et une oraison funèbre fut prononcée le lendemain.

Les registres de la fabrique ont conservé la trace de quelques usages singuliers au seizième siècle. On y trouve, au nombre des dépenses, une livre dix sols pour une charretée et demie de paille, destinée à être placée dans l'église la veille de Noël, et une autre somme pour le prix d'un âne avec sa selle, le tout devant servir à la procession des Rameaux.

La Ferté-Bernard a donné le jour à Robert Garnier, le premier auteur tragique de la Renaissance, celui duquel Ronsard disait :

> Par toi, Garnier, la scène des François
> Se change en or, qui n'était que de bois,
> Digne où les grands ramassent leur fortune ;
>
> Sur Hélicon tu grimpes des derniers,
> Mais tels derniers souvent sont les premiers
> En ce bel art, où la gloire est commune.

Ses œuvres furent réimprimées plus de trente fois en moins d'un siècle.

Le poète est né, en quelque sorte, avec l'église, et en face d'elle. La rue Robert Garnier et sa maison, qui n'est plus aujourd'hui qu'une auberge de médiocre apparence, regardent la somptueuse basilique de Notre-Dame-des-Marais.

Par son testament, daté du 13 septembre 1590, Garnier avait ordonné « qu'il fût fait, mys et planté en l'église parochiale de la Ferté-Bernard une ymaige et effigie du crucifix avec ses tesmoings et accompagnements semblables à ceulx de l'église Saint-Pierre de la court du Mans, ou des jacobins dudict Mans; et que, au dessoubs dudict crucifix, fussent escripts et gravés en grandes lettres lisibles ces mots: *Robertus Garnier, civis fertenus, in suprem. Galliar. Consilio reguis senator, et antea præfectus cenomanensis rer. cap. in ornamentum hujus œdis hoc signum pass. domini* **D. D.** »

Le vœu de Robert fut exaucé: la Notice nous apprendra ce que devint son offrande.

Les tombeaux de Robert Garnier et de sa famille n'ont pas eu le même sort: on peut les voir dans la chapelle du château du Luart, avec les bustes et les épitaphes des défunts. Celle de Robert Garnier contient une phrase curieuse; on y lit: « *sive luserit in scribendis tragediis, sive seriò egerit in exercendis muneribus, nomen illustre quæsivit.* » Ainsi donc, pour Robert Garnier, la poésie n'aurait été qu'un jeu, et les fonctions publiques auraient été la chose sérieuse! La postérité n'a pas partagé ce sentiment; elle a oublié le conseiller du roi, et gardé une place pour le poète.

A l'aide de ces épitaphes, la généalogie de Robert Garnier est facile à établir. Il avait épousé Anne Hubert, qui mourut deux ans avant lui, le 20 septembre 1588. Sa fille, Diane Garnier, épousa François Legras, et mourut le six décembre 1621. Le fils de François Legras et de Diane Garnier était l'aïeul de celui auquel fut conféré, par lettres-patentes du roi, le titre de marquis du Luart. Nous avons donc aujourd'hui dans notre arrondissement, et en la personne de M. le marquis Legras du Luart, un descendant direct du grand poète de la Renaissance.

Par elle-même et par les souvenirs qui s'y rattachent, l'église de la Ferté est donc digne d'attention et d'étude. Les hommes meurent, et les monuments, œuvres de leurs mains, survivent comme des témoignages de leur génie et de leurs croyances. Lorsque, il y a nombre d'années, la pierre du tombeau de Shakspere, dans l'église de Strafford, vint à s'entr'ouvrir, le gardien, en se baissant, n'y aperçut que de la poussière. Si les plus grands d'entre nous passent aussi vite, soyons plus dévoués au culte des choses qui durent au-delà de nous-mêmes. Une église, pour peu qu'elle ait de caractère et d'architecture, sait nous faire entendre plus d'un langage : aux croyants, elle parle de la religion et du ciel; aux savants et aux artistes, elle parle d'art et de science; à tous, elle doit apparaître comme un édifice sacré, comme un objet constant de respects, de travaux et d'intelligente sollicitude.

C'est dans ce but qu'a été écrite la monographie à laquelle nous allons céder la place. Faite par un homme du pays, entouré de tous les documents que sa patience éclairée a su recueillir et co-ordonner, elle fournira elle-même une base ferme et solide aux travaux plus complets, mais non plus exacts, que l'on pourrait entreprendre sur l'église de la Ferté-Bernard.

P. D

# HISTOIRE

# DE

# L'ÉGLISE.

L'origine et l'époque de la fondation de l'église de la Ferté-Bernard ne sont pas bien connues ; on doit presque suppléer par l'imagination au défaut de l'histoire; car on ne trouve, dans les archives de la ville et de la fabrique, aucune pièce relative à l'église, avant 1449. Il est probable cependant qu'il existait des titres antérieurs à cette époque (1). Que sont-ils devenus ? C'est ce qu'on ignore. Faute de documents authentiques, il faut bien s'en rapporter à un manuscrit d'un auteur inconnu, dont plusieurs personnes, à la Ferté, possèdent des copies, et qui nous donne quelques renseignements sur l'histoire de l'église avant 1449. Nous

(1) Un inventaire des titres de la Fabrique, dressé en 1783 par M. Richard, notaire, parle de pièces importantes qu'on ne retrouve plus aujourd'hui, et entre autres, 1° de 14 cahiers de comptes de la fabrique, depuis 1431 jusqu'en 1518 ; 2° de huit autres cahiers, depuis 1519 jusqu'à 1540 ; 3° de 27 cahiers, aussi de comptes, depuis 1552 jusqu'à 1625. Cette perte est irréparable. On n'en possède plus que quelques uns depuis 1525 jusqu'à 1542.

n'ajoutons pas, pour notre part, une foi bien ferme à sa narration; car ce petit travail, qui paraît appartenir au commencement du dix-huitième siècle, est plein de fautes historiques grossières, et ne cite pas la source où il a puisé ses renseignements.

Voici sa version : « Ce fut vers 1259
» qu'on démolit une petite chapelle fondée
» sous l'invocation de Notre-Dame-des-
» Marais et de Saint-Sébastien, pour édifier
» à sa place une église, qui fut érigée en
» paroisse le 8 avril 1367. » Quant à la composition du vaisseau de l'église, à ses dimensions, il n'en est nullement question.

Une ancienne tradition rapporte qu'avant de construire la nouvelle église, on eut l'intention de choisir un autre emplacement, et qu'on porta processionnellement l'image de la Sainte Vierge dans la chapelle Saint-Barthélemy, située sur la place de ce nom; mais que le lendemain, on retrouva la statue au lieu même d'où elle avait été enlevée la veille, et que c'est pour déférer à cette préférence de la Mère du Sauveur, qu'on bâtit l'église dans le vallon, au milieu des marais. Cette chronique était fort accréditée parmi les personnes pieuses du siècle dernier.

D'autres disent que Notre-Dame-des-Marais fût construite dans l'île formée par les bras de l'Huisne, au milieu des fortifications, pour la mettre à l'abri des ravages de la guerre. Nous ferons remarquer qu'en 1259 il n'existait point encore de remparts autour de la ville, mais seulement des fossés ; c'est ce que nous apprend un titre de 1263, possédé par la fabrique. Peut-être le seigneur, dont le château était situé dans la vallée, et non sur la colline, voulut-il que l'église fut bâtie près de sa résidence.

Au reste le fait miraculeux, que nous avons rapporté, suffit seul, à l'époque si féconde en légendes et en prodiges où la tradition le place, pour expliquer la singulière situation de Notre-Dame-des-Marais.

La chapelle Saint-Barthélemy, dont il a été question, était succursale de Saint-Pierre, de Cherré, alors église paroissiale;

elle avait été construite, selon toute apparence, pour rendre plus facile aux habitants de la Ferté l'exercice de leurs devoirs spirituels. L'époque de sa fondation est ignorée. En 1281, Hugues, seigneur de la Ferté, confirme, par un titre nouvel, le don, qui avait été précédemment fait, de la dîme sur les droits des grains moulus à son moulin du Bouchet. On doit croire qu'elle existait lors même que la petite chapelle, détruite en 1259, servait aux pieux exercices du seigneur, et des habitants qui avaient eu le privilége de venir demeurer dans l'enceinte de la nouvelle ville; car la première était confinée entre les limites de Cherreau, Cherré et la porte des moulins.

Il est probable que la chapelle Saint-Barthélemy continua avec Saint-Pierre, de Cherré, de tenir lieu d'Église, tant que dura la construction du monument commencé en 1259, et érigé en paroisse en 1367. On ne peut admettre qu'il ait fallu 108 ans pour l'édifier ; il dut être en usage pour la célébration de la messe, avant qu'il ne fût classé comme église paroissiale.

Existe-t-il, dans la composition de l'édifice actuel, quelque chose qui appartienne à cette époque reculée ? on serait tenté de le croire, sans cependant rien affirmer, et sans rien préciser. Car si d'un côté, l'examen attentif des murs de la nef d'aujourd'hui ne laisse voir aucun raccord; d'un autre, les titres de la fabrique ne parlent jamais de démolition entière, mais seulement de *réparations* et *escroissances*: en sorte qu'on est fort embarrassé pour se prononcer. La partie la plus ancienne, celle qui date de 1367, est, sans aucun doute, le bas de la tour; le haut, à partir des grandes fenêtres, est de 1468. Quant à la nef, elle paraît avoir été construite d'un seul jet, sur un même plan, dont l'exécution il est vrai a été fort lente. L'époque de sa fondation serait la fin du règne de Charles VII ou le commencement du règne de Louis XI; car, par une lettre patente de ce roi en 1468, on voit qu'il accorde la moitié du revenu de l'octroi, montant alors pour la totalité à 330 livres, pour l'édification d'une tour et autres réparations, que l'on fait de présent, est-il dit, en l'église de Notre-Dame-des-Marais ; et l'autre moitié, pour les réparations et l'entretien des fortifications. A l'expiration du terme de cette permission de neuf années, une autre lettre confirma et continua la précédente, et en 1500, la moitié du revenu de l'octroi est encore employée aux travaux dont il est question en 1468.

En 1484, les habitants réunis en l'auditoire, lieu ordinaire de leurs assemblées, sous la présidence du bailli, achètent les terrains et les maisons longeant l'église, jusqu'à l'allée d'un sieur Florent d'Arsus. Cette acquisition se fit sur un « nommé

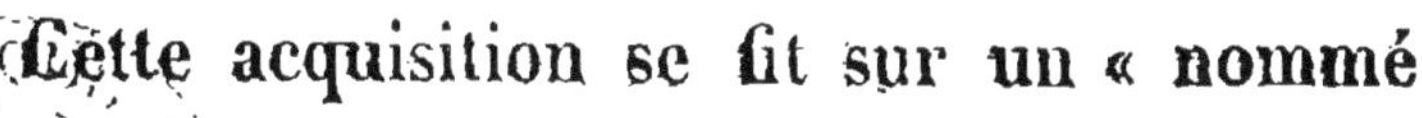

» Jehan Belot, moyennant vingt-six écus » d'or; à raison de trente-quatre sous par » chacun écu; plus deux aunes de drap » gris, du prix de quarante sous l'aune, » avec sept sous six deniers de vin de » marché. » Belot réclama encore l'honneur d'être enterré gratis dans l'église, avec son épouse. Cette pièce est curieuse et importante par les renseignements qu'elle donne et par les inductions qu'on peut en tirer. Elle prouve que la nef date de 1468 ou environ; qu'elle a été continuée lentement, mais sans interruption, et qu'elle s'est terminée par la façade de la ruelle Gaudard. L'agrandissement, ou pour nous servir du terme du texte, l'escroissance qui nécessita l'acquisition des terrains du sieur Belot, consiste dans toute la largeur de la nef avec les bas-côtés, jusqu'à la façade du couchant, dans une longueur de quatorze pieds environ. Ce qui nous confirme encore dans l'opinion que les travaux n'ont point été suspendus, c'est qu'en désignant les limites du terrain acquis, limites assez mal indiquées pour un acte de cette importance, la transaction dit: « qu'il se prendra de telle largeur » que seront les pilliers ja encommencés. »

En 1498, la nef était achevée, et la fabrique fit marché avec un maître vitrier pour la verrière de la grande fenêtre de la façade. On y représenta en belle peinture « L'arbre de Jessé, assis en une chaire » en grand triomphe, et Aron; et de son

» corps fut produit un arbre en branches » et en rameaux: duquel arbre furent » composés, mis et assis en beaux fleu- » rons, qui y furent pourtraictz, douze » Rois, comme il assied en pareil cas: » et à la sommette des dict arbre fut » l'imaige de Notre-Dame, tenant son » enfant; avec quatre personnaiges de » Prophètes, qu'est à entendre de chacun » côté du corps de Jessé, deux faisant » bonne contenance; tous lesquels person- » naiges aussi grands que faire se peuct; » et fut rempli le haut de hiérarchie des » Anges, Archanges, Séraphins, Chéru- » bins et étoiles semées parmi le throne » du Ciel tout d'azur; le tout de bon verre, » riches couleurs, magnifiquement faict. »

Nous arrivons au XVIe siècle, auquel on fait généralement remonter l'origine de Notre-Dame-des-Marais; et cela avec quelque raison, car c'est en effet pendant ce siècle qu'on exécuta les parties les plus remarquables de l'édifice.

En 1500, l'église était composée de la nef avec ses bas-côtés, (2) de la tour,

(2) En examinant intérieurement les raccords du bas-côté de la nef avec la tour, on s'aperçoit que les voûtes suivent tous les contours, toutes les difformités de la cage de l'escalier du clocher, et que l'arcade au-dessous de l'orgue est plus étroite que celle qui lui fait face, preuves certaines qu'on a voulu unir la nef à la tour déjà existante, et utiliser celle-ci dans une nouvelle construction.

Des motifs concluants nous font croire de plus que le clocher appartient à deux époques, au XIVe siècle et au XVe siècle. En effet, nous avons vu qu'en 1468, une lettre patente de Louis XI accordait une partie du revenu de l'octroi, pour l'édification d'une tour et autres réparations que l'on fait de présent, est-il dit, en l'église de Notre Dame des Marais. Quelle était donc l'édification dont parle le titre? La nef était en construction alors, et la partie inférieure du clocher est bien plus ancienne. Il ne peut donc être question d'un chœur qui n'est plus celui d'aujourd'hui, et de plusieurs chapelles; le nombre n'en est pas bien déterminé. Il y avait les autels de Notre-Dame du premier pillier, dans la nef, en face l'escalier de la chaire; de Sainte Barbe, sous l'arcade de l'orgue; de Saint Denis, sous les cloches; de Saint Gatien, qui remplace, au même lieu, celui de Saint Denis; enfin, la chapelle Sainte Catherine, qui devait être située en

---

que d'une surélévation de la tour: en effet l'état actuel de l'édifice le prouve. La partie inférieure, moins les contreforts, est construite en maçonnerie, jusqu'à la hauteur des grandes fenêtres du beffroi, tandis que le reste est en pierres de taille, et d'un aspect plus moderne. Les dalles de la galerie sont en pierres d'Alençon, et cette particularité, insignifiante en apparence, affermit encore notre conviction. Elles n'ont pu être placées que sous Louis XI, alors que la Normandie était française. Au XIVe siècle, cette province était anglaise, et la guerre acharnée que la France et l'Angleterre se firent pendant cent ans, aurait empêché le transport de matériaux en pays ennemi.

dehors de l'église, du côté de la place du Carrefour.

La chapelle Saint Gatien et celle de Sainte Catherine étaient les plus importantes; ce sont les seules dont les archives font connaître l'origine avec quelques détails. La première fut fondée par les époux Croupet, riches bourgeois de la Ferté, qui dotèrent l'abbaye de la Pelice de tous leurs biens, estimés à vingt livres de rente, pour la desservir. Les religieux furent tenus d'y dire trois messes par semaine, et une messe chantée le jour de Saint-Gatien. Ils s'acquittèrent de cette obligation pendant près de quatre cents ans. Vers 1468, l'autel fut rétabli sous la grande arcade de la tour. Les fondateurs y étaient représentés en prières, accompagnés de leurs douze enfants, qu'ils eurent la douleur, dit la chronique, de perdre tous en peu d'années. En 1793, l'autel fut dévasté; et aujourd'hui, une Magdeleine en pleurs sur des rochers, remplace seule les personnages détruits.

La chapelle Sainte Catherine fut bâtie en 1449. « A cette époque trois bourgeois » de la Ferté formèrent une confrairie, » et chargèrent les régens de grammaire » et de musique des Écoles, de chanter » et célébrer une messe en notes, à l'autel » de madame Sainte Cathérine, en la » chapelle de nouvel édifiée, contre l'église » parochiale, toutes les semaines à per- » pétuité. » Pour cela, ils assignèrent sur leurs biens une rente de six livres à payer aux régens et à leurs successeurs. Cette chapelle était ronde, et fut démolie lors des grands travaux du chœur, dont nous allons parler maintenant.

En 1505, les habitants de la Ferté trouvant l'édifice encore trop petit pour contenir tous les fidèles, et voulant lui donner toute la magnificence et tout le développement dont il manquait alors, résolurent d'acheter la maison de Mauconseil, située sur l'emplacement du Rosaire et du chœur actuel, et qui était la propriété des Religieux de la Pelice. Cette acquisition, faite moyennant trois cents livres, ne comprenait que le dortoir de la maison. Mais, soit que le sacrifice eût épuisé leurs ressources, soit que leur ardeur se fut ralentie, on ne voit pas qu'ils se soient mis sérieusement à l'œuvre avant 1523. Le 17 avril de cette année, les habitants s'assemblent; et la fabrique, forte de l'assentiment général, traite de nouveau avec l'abbaye, pour la totalité de la maison de Mauconseil. Les moines, dont la froideur et l'indifférence contrastent, en cette circonstance comme en la première, avec la pieuse abnégation des Fertois, se réunissent de leur côté, et après avoir exigé en gage la métairie des Palis, qui appartenait à l'église, après s'être assurés qu'ils ne perdraient pas un denier, consentent à recevoir en échange de leur propriété, une maison d'égale valeur. Quelques années après, on acquit dans la rue Bourgneuf une maison, au prix de cinq cent cinquante livres, et on la leur remit. Par une des conditions de cette transaction, les religieux réclament le droit de faire leur office du matin et du soir, dans la chapelle qui dut être construite *incontinent* sur le terrain qu'ils cédèrent. Cette chapelle, appelée la Chapelle neuve (c'est le Rosaire), fut terminée en 1529, ainsi que les deux autres qui la touchent à droite et à gauche, tandis que le chœur ne le fut, moins les voûtes, qu'en 1572 ou 1575. La réserve que fit l'abbaye sur la Chapelle neuve, pour la célébration de l'office, fut motivée, dit le texte, *par les dangers et périls imminens de guerre*, qui avaient déjà, plusieurs fois avant ce jour, forcé les religieux à venir se réfugier dans leur maison de Mauconseil.

Ce traité d'échange acheva d'obérer la fabrique. Elle était déjà endettée par les longs travaux qu'elle avait entrepris et les emprunts qu'elle avait du faire. Dans cette extrémité, les habitants adressèrent à madame la duchesse de Guise une supplique pour lui demander la remise de ses droits sur l'acquisition de la maison de Mauconseil, et lui firent humblement observer « que les revenus de la fabrique » étant insuffisants pour faire face aux » dépenses nécessaires et toujours crois- » santes de la grande entreprise de leur » église; que d'ailleurs ladite fabrique

» étant redevable de plus de huit cents » livres d'emprunt, il leur sera impossible » de continuer les travaux, si la dame de » Guise ne les dispense du paiement des » sommes qu'elle a droit de prendre et » d'exiger. » A quoi la dame de Guise répond : « que vivement touchée des » besoins et des sacrifices que se sont » imposés lesdits supplians, elle les » exempte de tous droits, à condition » qu'ils feront faire au plus beau lieu de » leur église une verrière, dedans laquelle » sera mise en peinture l'imaige de l'ad- » nonciation de Notre Dame, et au bas » les écussons des armes de son cher et » très-aimé sire époux et les siennes » (avril 1530 et septembre 1532.)

Pendant que les procureurs-marguilliers faisaient tous leurs efforts pour conserver le bien de l'église, et l'accroître s'il était possible, les travaux continuaient et l'édifice s'élevait toujours. En 1529, la Chapelle neuve, et les chapelles de Saint Jean et de Saint Nicolas achevées, (aujourd'hui Saint Louis de Gonzague et des âmes du Purgatoire,) Monseigneur l'Évêque de Léon vint pour les bénir. La dépense qu'il fit, lui et sa suite, durant deux jours, se montait à quatorze livres, qui furent payées par la fabrique. A cette époque, le Rosaire n'avait point de voûtes et n'était point pavé: on le paya et on le vitra en 1533. On ne connait pas la date précise de sa voûte; celles de Saint Nicolas et de

Saint Jean sont de 1542 et de 1544.

La construction du chœur fut bien plus lente. En 1542, on fit intérieurement les cintres entre les piliers, et en 1550, la galerie formant le pourtour, à la hauteur de 50 pieds. Dans les années suivantes, on acheva les arcs-boutans extérieurs. En 1569, la pénurie des fonds était telle, qu'il fallut vendre le jardin des Rois, dépendant de la cure, pour finir les trois arcs-boutans du nord. Ceux du midi existaient déjà depuis seize ans environ. C'est par suite de cette détresse, que les galeries des bas-côtés et des chapelles, jusqu'au Rosaire, ainsi que quelques pyramides ou clochetons accessoires, n'ont pu être terminés.

Le premier architecte chargé de conduire les travaux fut un sieur Grignon, à qui il était alloué cinq sols par jour. C'était alors en 1530. Il mourut peu de temps après. Son successeur, Mathurin Delaborde, reconnu sans doute comme plus capable, recevait sept sols par jour, et ses ouvriers, au nombre de quatre, trois sols: il était étranger à la ville, et recevait, en sus du prix de ses journées, quarante-cinq sols pour frais de voyages. On doit attribuer à cet habile architecte, désigné dans les comptes des marguilliers comme maître maçon, le beau travail des voûtes plates, et les bas-reliefs qui sont au-dessous, et forment le pourtour des chapelles, jusqu'à la hauteur des premières

corniches. On ne peut dire jusqu'à quelle hauteur Delaborde porta son travail; car, après 1542, on ne trouve aucune pièce écrite qui puisse fixer l'opinion sur le terme de sa direction. Les trois frères Viet, maîtres maçons, qui par l'inscription qu'ils ont mise au haut du chœur, font connaître qu'ils sont les auteurs de cette œuvre, s'attribuent, il semble, une plus grande part de mérite qu'il ne leur en appartient : « cette œuvre ci-
» dessus, disent-ils, a été faite et conduite
» par trois frères: Robert, Gabriel et
» Hierosme les Viet, maîtres maçons,
» 1596. » Il faut entendre par l'œuvre ci-dessus le travail des voûtes seulement. La famille Viet était originaire de la Ferté.

Il paraît que les trois frères excellaient dans la partie des voûtes; un d'entre eux fit, en 1577, celles du bas-côté de Sainte Catherine (à présent de Saint-Pierre); Hierosme refit, en 1586, la voûte de la tour, détruite en 1542, pour ouvrir passage à une cloche de 4,400 livres, qui fut fondue à cette époque; enfin, celle au-dessus du cadran, qui date de 1589, fut conduite par le même ouvrier.

Après l'achèvement du chœur et des chapelles, plusieurs années s'écoulèrent avant que les fenêtres ne fussent vitrées; car c'est après 1600 que les verrières de couleur furent placées: celles du chœur l'ont été les dernières. Elles furent fournies, en grande partie, par des bienfaiteurs de l'église.

Vingt ans après la cessation des travaux de maçonnerie, en 1616, une demoiselle pieuse, du nom de Marie de Fabvre, agrandit à ses frais une petite étendue de terrain appartenant à l'église, qui avait servi d'atelier aux maçons, pendant la construction de l'édifice. Elle y fit bâtir une chapelle, qu'on a transformée depuis en sacristie. Il paraît que Marie de Fabvre mourut pendant la durée des travaux, et que les habitants contraignirent son frère, héritier de ses biens, à continuer la chapelle et à la doter.

Telles furent les phases successives de l'édification de Notre-Dame-des-Marais. Le dix-septième siècle vit terminer l'œuvre commencée au XV^e^; et pendant ces cent cinquante années, bien *des maîtres maçons* ont réuni leurs efforts pour l'amener à fin. Il ne faut donc pas s'étonner si le vaisseau manque d'ensemble, s'il existe des raccords visibles et même bizarres entre les portions qu'on a voulu conserver, et celles qu'on a construites plus tard. Mais quand on examine chaque partie séparément, on ne peut s'empêcher d'admirer le fini et l'élégance des détails, la perfection des voûtes et des pendentifs, la légèreté de l'ogive des fenêtres et des meneaux, la hardiesse des arcs-boutans extérieurs, et la curieuse sculpture des galeries. Pour juger le monument et pour apprécier le talent des ouvriers, il faut se rappeler la manière dont il a été construit.

On a démoli, reconstruit, agrandi à plusieurs reprises; et malgré tous ces travaux, il ne paraît pas que la célébration des offices ait été jamais interrompue. En 1542, au moment des plus grands travaux, on redorait des corniches à la contre-table du grand-autel, et dès 1501, les habitants faisaient marché pour la menuiserie de l'orgue. A l'approche de la mauvaise saison, on rangeait et on mettait en autre lieu les matériaux et les instruments nécessaires à l'enlèvement des pierres, de manière à débarrasser la place qu'ils encombraient. Quand on voulait démolir, on ne détruisait que partiellement, car la prévoyance du maître maçon veillait à ce que la portion démolie fût, autant que possible, remplacée aussitôt par la nouvelle construction. Ce mode d'édification, lent et mesuré, créait mille difficultés à l'architecte ; il fallait déguiser le mieux possible les raccords des différentes parties entre elles, et on y est parvenu souvent avec succès. Une construction simultanée aurait donné plus d'ensemble au vaisseau, mais elle n'aurait pas été d'accord avec les besoins des habitants, et avec les faibles revenus de la fabrique, qui ne montaient pas à plus de huit cents livres année moyenne : encore dans ces huit cents livres doit-on comprendre diverses rentes léguées par des particuliers, et qui ne furent définitivement constituées qu'après leur mort, lorsque les travaux étaient déjà fort avancés. La partie principale du revenu provenait du fermage des propriétés rurales; de la moitié du revenu de l'octroi, cent quatre-vingts à deux cents livres environ ; des legs faits tant en argent qu'en grains, vins, cire et vitraux; enfin des quêtes. Le nombre des prêtres attachés à l'église était depuis douze jusqu'à seize: ils n'avaient d'autre traitement que le prix des messes qu'ils disaient. Une messe à voix basse se payait deux sols six deniers. Les enterrements, faits dans l'église et dans le chœur, se payaient vingt-cinq et cinquante sols, et le produit en revenait à la fabrique; les autres étaient sans doute faits gratis, car on ne voit, dans les comptes des fabriciers, depuis 1530 jusqu'à 1542, aucune somme qui en provienne.

C'est avec de si faibles ressources qu'on dut, pendant longtemps, pourvoir à l'entretien des parties existantes de l'église, et à la dépense qu'entraînait la construction du chœur et des bas-côtés. Le chantier des travaux se composait de seize à dix-huit ouvriers, qui recevaient deux et trois sols par jour; le maître maçon avait sept sols. Les journées, faites pendant huit mois que durait chaque campagne, s'élevaient à seize ou dix-huit cents au plus. La chaux valait dix-huit sols la pipe, la pierre maçonnale, qui se tirait sur le terrain de la commune de Cormes, se payait trois sols la chartée, le sable un sol le tombereau. On le prenait à la Cougère, à Cherré, et à la montagne de Saint-Antoine-de-Rochefort. Les pierres de taille étaient fournies par les carrières de Théligny, de Ceton et de Sainte-Gauburge près Saint-Cyr. Les pierres dures pour les gargouilles provenaient de Courtermont, carrières situées entre Nogent-le-Bernard et Bonnétable, du côté de la forêt. Leur prix variait depuis cinq sols jusqu'à vingt sous chacune. Les moellons pour voûte venaient des carrières de Ceton.

Pour transformer et pour employer tous ces matériaux, on ne manquait point d'architectes habiles, de tailleurs de pierre et de sculpteurs ingénieux. L'église avait aussi ses peintres, pour enluminer ses vitraux, ses menuisiers, pour exécuter les travaux de boiserie.

Le premier maître maçon dont nous avons déjà parlé fut Grignon. Il conduisit peu de temps les travaux, et eut pour successeur Mathurin Delaborde, qui commença à diriger la construction vers 1535. Les registres de la fabrique parlent « d'une toise de carreaux couverte et » collée en papier blanc des deux côtés, et » baillée à cette époque au maître maçon, » pour faire ses pourtraictz, nécessaires » en la conduite de ladite église. » Seize à dix-huit ouvriers travaillaient sous ses ordres, et exécutaient ses plans. Les noms de la plupart sont parvenus jusqu'à nous: ce sont Jacques Richette, Hierosme le

Page, Léonard Juglon, Jehan Meilleron, Jehan Marcadé, Gillot Jardin, Gille Hubon, Michel Simon, Michel Texier, Bastian Moreau, Jehan Dagoneau, Ancelot Sassier, Jehan Moreau; Jacques Pontonnier et Loys Bruyere, manœuvres.

Vers la même époque, François Delaborde, peintre et vitrier, traçait en riches couleurs la vie de Monseigneur Saint-Julien, pour la Chapelle neuve: Jehan Courtois travaillait aussi aux vitraux du Rosaire. Un de ses parents, peut-être son père, Robert Courtois, avait, en 1498, fait, moyennant cent livres tournois, la grande verrière de la nef, et y avait représenté l'*Arbre de Jessé*. C'est encore vers 1535, que les procureurs marguilliers traitèrent avec un organiste du Mans, nommé Bert, pour la partie instrumentale de l'orgue. Il n'est point dit ce qu'il en coûta pour ce travail ; on voit seulement qu'une somme de quarante-cinq livres fut donnée au facteur à titre d'à-compte. Le fût porta la date de 1536 ; il est probable que le cul de lampe est de la même année. On ne connaît pas l'auteur de ce chef-d'œuvre. Dès 1501, la fabrique avait fait marché avec un sieur Baudot pour exécuter, moyennant soixante livres, la menuiserie qui supporte le buffet ; l'acte fait connaître que « le travail doit être d'œuvre » magnifique, honnête et de bon bois de » chesne de forêt, fourni par ledit Baudot ; » que la menuiserie en forme de cul de

» lampe sera mise et assise sur l'arche de » la chapelle Sainte Barbe, joignant la » tour de ladite Église. » Toutes ces dispositions se rapportent parfaitement aux orgues d'aujourd'hui, et cependant aucune pièce écrite n'annonce que le marché ait été exécuté dès 1501; toutefois, il serait possible qu'il l'eût été, et la date de 1536 ne se rapporterait alors qu'à l'ouvrage de Bert, c'est-à-dire au fût et aux tuyaux. Quelque soit l'auteur du cul de lampe, c'est une œuvre curieuse, extrêmement remarquable, tant pour la perfection du travail de sculpture, que pour la hardiesse de la suspension. (3)

(3) Il existait un buffet d'orgues dans l'église de Notre-Dame-des-Marais avant le seizième siècle; celui que nous avons aujourd'hui n'est que le second; l'an-

On peut encore citer comme œuvre de menuiserie remarquable, le plafond de la sacristie. Son exécution doit dater de 1624, car c'est à cette époque environ que fut terminée la chapelle de Marie de Fabvre. Il forme une espèce de voûte plate, avec des caissons et des fleurs sculptées en relief, comme on en voit dans les plafonds des anciens manoirs féodaux. C'est avec le buffet d'orgues, le seul vestige de l'ancienne décoration de l'église: le reste a disparu par suite des dévastations révolutionnaires. Le vandalisme de 1793 nous a privé des bustes des saints, du magnifique crucifix en

---

cien était hors de service en 1534, car on vendit le vieux sommier pour 10 sous, lorsqu'on le renouvela.

noyer donné par Robert Garnier, le poëte tragique, notre compatriote, décédé au Mans en l'an 1590 ; du tabernacle du chœur en bois doré. On a brisé les autels et plusieurs monuments précieux par la beauté de la sculpture. On a vendu comme vieux fer la magnifique grille qui séparait le chœur de la nef, et celle qui entourait les fonds baptismaux. La première avait été posée vers 1715.

Malheureusement la Terreur n'est pas la seule époque qui ait imprimé sur notre église le cachet de ses ravages; sa dévastation n'a porté que sur le fer et le bois, tandis que bien avant des réparations maladroites, effectuées par les administrations qui ont dirigé les affaires de la fabrique, avaient mutilé la disposition et le plan intérieur de l'édifice.

Quand les grands travaux de construction ont été terminés, ceux qui avaient généreusement contribué de leurs deniers à l'édification de Notre-Dame-des-Marais, étaient morts avant d'avoir eu la satisfaction de la voir finir; leurs descendants recueillirent le fruit de leur sacrifice sans y participer; ils ne prirent pas le soin d'achever l'œuvre que leur avaient léguée leurs pères; ils la laissèrent incomplète ou la mutilèrent par des réparations sans goût. Il existait primitivement pour séparer le chœur de la nef, un jubé surmonté des statues des quatre évangélistes, et deux autels aux deux côtés de la porte du chœur. Au commencement du dix-huitième siècle on le détruisit, et on posa pour le remplacer la grille de fer enlevée en 93. Le Christ donné par Robert-Garnier, qui décorait le haut du jubé, fut relégué dans la chapelle du Rosaire, où il était encore, lorsque la révolution l'en arracha. Quand on opéra ces changements on était déjà loin, plutôt par le changement des esprits encore que par le temps, du 15me et du 16me siècles, où les habitants s'occupaient d'agrandir et d'*escroitre* leur église. On n'augmentait plus, on ne réparait pas, mais on détruisait ce qui périclitait. En 1746, la flèche qui couronnait la tour, surplombait d'une manière inquiétante; on la supprima, sans la remplacer autrement que par l'espèce de pyramide que l'on voit aujourd'hui. On ne saurait trop regretter la destruction de cette flèche, qui, haute d'environ soixante pieds et couverte de plomb, devait produire le meilleur effet, en allégeant la masse un peu trop écrasée du clocher. Le timbre de l'horloge était placé dans sa base.

Le procès-verbal d'une assemblée générale des habitants annonce que, dès 1740, on se préoccupait de l'inclinaison du clocher et des moyens d'y remédier. Mais comme la ville était pauvre, on demanda que l'argent provenant de démolitions opérées à la Pelice, fût employé à cette dépense. A cette époque, un sieur de Pontac, aumônier de la Reine, jouissait du bénéfice de l'abbaye; trouvant qu'il était dispendieux pour lui d'entretenir tous les bâtiments du monastère, il jugea plus écononomique d'en supprimer la meilleure partie. C'est le produit de cette démolition que demandaient les habitants. Les Fertois ne furent pas mieux accueillis cette fois que les précédentes : en 1740 comme en 1505 et en 1523, ils ne rencontrèrent que de l'égoïsme, ou au moins de l'indifférence pour leurs justes réclamations.

Cet état d'hostilité permanente qui existait entre les moines de la Pelice et la ville de la Ferté, est d'autant plus surprenant, que l'abbaye ne dut ses richesses qu'à la générosité des seigneurs de la contrée et de ses habitants. L'histoire de ce monastère célèbre est si intimement liée à celle de l'église, que nous ne pouvons nous dispenser d'en dire quelques mots.

Il fut fondé en 1010, sous le règne de Robert, et doté par les anciens comtes de Bellesme, alors possesseurs de la terre de la Ferté. Il reçut depuis les cendres de ces défunts d'illustre mémoire, et servit aussi de tombeau aux ducs de Lorraine et à quelques autres seigneurs, bienfaiteurs de la mense claustrale. Plus tard, les seigneurs de la Ferté, dont le premier porta le nom de Bernard, imitèrent leurs devanciers, et firent don à la communauté de biens dont elle a joui jusqu'en 1792. En

1263, Bernard cède aux moines de la Pelice la maison de Mauconseil, qu'il avait achetée de Gille de Cortiel et de Béatrix, sa femme. Cette habitation, dont un verger faisait partie, joignait immédiatement le cimetière de l'église. L'acte de donation, que l'on voit encore aujourd'hui dans les archives de la fabrique, est une pièce curieuse. Il contient un article, par lequel le seigneur accorde aux abbés et religieux, le droit de passer et de repasser par dessus les fossés de ville, et à cet effet, de se pratiquer un chemin particulier de la ville à l'abbaye, sous condition toutefois, que, quand il plaira au seigneur où à ses successeurs dé clore la ville de murs, les moines ne pourraient s'y opposer sous prétexte de cette concession. La réserve n'était pas inutile, car, quelques années après, vers 1300, les fossés furent remplis d'eau, et la ville fut entourée de murs : une tour s'éleva à l'endroit même où devait être située la communication de la ville avec la campagne, et les religieux firent alors comme les habitants et les étrangers, et entrèrent par la porte de Paris, située près la maison de l'Écu, en face la rue de l'Abreuvoir. [4] La tour de Mauconseil servit jusqu'en 1703 d'hôtel de ville, et depuis cette époque, de maison de retraite pour les

[4] Avant la construction des fortifications, vers 1263, il existait à la place de la tour de Mauconseil, une porte qu'on appelait porte d'Avezé, par laquelle les moines entraient en ville ; elle fut supprimée lorsqu'on construisit une enceinte de murs.

prêtres qui venaient prêcher le carême dans l'église de Notre-Dame-des-Marais. Elle fut détruite en 1777.

Quant à la maison de Mauconseil, elle fut habitée temporairement par les moines qui s'y réfugiaient *en cas de péril imminent de guerre*, puis cédée en partie en 1505 et en totalité en 1523, aux habitants de la Ferté, pour accroître leur église. A la première époque il ne fut question que du dortoir de la maison, mais en 1523, on traita de la totalité. Les religieux, au nombre de treize, s'assemblèrent en chapitre capitulaire, dans leur couvent, et consentirent l'échange de leur propriété de Mauconseil, avec une autre maison située rue Bourgneuf; mais ils exigèrent une rente de vingt-cinq livres par année, jusqu'à ce que la fabrique exécutât sa promesse; et, pour sûreté de cette rente, ils voulurent retenir entre leurs mains la métairie des Pâtis, affermée soixante-dix-sept livres. Ils stipulèrent en outre que la rente de vingt-cinq livres serait doublée, si, après deux ans, la maison de la rue Bourgneuf ne leur était pas livrée. L'acte nomme les religieux composant alors la communauté, ce sont; « Messire Jean » Toullifault, secrétaire; Jean Poraire, » abbé du couvent; frère Le Galliet, » procureur du cloitre; Renault Masset, » secrétaire de l'abbaye; Guillaume de » L Enfernal; Jean Loys, prieur; Pierre » Denis Chaplain; Jacques de Mornay;

» François de Lenfernal ; Guillaume
» Bigot; Godefroi de Billon ; Eloi Toulli-
» fault ; Michel Bourdin ; frère Pierre;
» tous religieux profès de ladite abbaye
» de la Pelice, et tout le couvent du dit
» lieu lès-la-Ferté-Bernard.

C'est de cette manière peu génereuse que les religieux traitèrent la fabrique de l'église, lorsque les habitants se ruinaient pour élever un monument à la gloire de Dieu !

Nous ignorons si la rente de vingt-cinq livres, puis de cinquante livres, fut rigoureusement exigée ; mais en 1529, la maison de la rue Bourgneuf, sise, selon les expressions d'un vieil acte, « *après la porte » des Moulins, joignant les places d'anciennes*

» *étables ruinées et détruites par la violence » des guerres »* , n'était pas encore achetée; néanmoins elle le fut peu de temps après.

A cette époque, la Chapelle neuve de l'église était déjà construite, et les religieux pouvaient y venir dire leur office du matin et du soir, ainsi qu'ils l'avaient expressément stipulé dans leur marché, en 1505 et en 1523. Cet office n'avait rien de commun avec les fondations que l'abbaye était tenue d'acquitter pour le don de la famille Croupet, en 1375 (5). Les

---

(5) La famille Croupet se fit remarquer au 14.e siècle par sa générosité envers la Pelice, et sa charité pour les pauvres.

Avant 1375, une demoiselle de ce nom avait fait don de six livres de rente à la fabrique de Notre-Dame-des-Marais, pour être distribuée en deniers aux pauvres de la ville, le jour de Saint Gatien. Cette aumône était faite à la porte de l'église par le curé, qui recevait vingt sous sur cette somme pour sa peine. On présume

conditions du testament des bienfaiteurs paraissent avoir été exécutées assez fidèlement jusqu'en 1730. Cependant le relâchement et l'indifférence s'étaient glissés peu à peu dans le monastère. Des abbés commandataires jouissaient à eux seuls du tiers du revenu conventuel. On cessa de garder la règle, et la règle, selon l'expression de Saint-Bernard, cessa de protéger. Enfin on prétexta que le service divin n'était plus bien acquitté, pour obte-

encore que l'église de Saint-Antoine-de-Rochefort a été fondée des bienfaits de Jean Croupet, par les armoiries qu'on voyait sur deux piliers en pierres de taille en dehors du chœur, parceque ce sont les mêmes armes que celles qui étaient figurées au pied de son effigie à l'autel de Saint-Gatien.

Avant cette époque, la paroisse de Saint-Antoine, ou plutôt de Rochefort, n'avait pas d'autre église que Saint-Pierre-de-Cherré. C'est en passant par la prairie des Ajeux, que les habitants allaient s'acquitter de leurs devoirs spirituels.

nir du parlement de Paris le décret de suppression de l'abbaye. On démolit l'église et une partie des bâtiments claustraux. On vendit les bois de haute futaie, et le tout tourna au profit du seminaire Saint-Charles du Mans. Les habitants de la Ferté, ainsi qu'en font foi les registres de l'hôtel-de-ville, protestèrent vainement contre cet abus, et consignèrent, dans une délibération du 7 février 1740, les manœuvres employées par le sieur de Pontac, abbé de la Pelice, pour obtenir la destruction de ce monastère célèbre. On ne laissa des bâtiments que la chapelle du Rosaire, et ce qu'il fallait pour loger quelques prêtres, chargés d'acquitter la fondation des premiers bienfaiteurs. La révolution de 1793 trouva les restes du cloître à peu près déserts, et les fit vendre comme bien national.

# PRESBYTÈRE.

La première maison curiale était située derrière la chapelle Saint-Barthélemy, dont elle dépendait. L'époque de sa translation dans la ville basse n'est pas bien connue; néanmoins on doit croire que ce fut après l'érection de l'église de Notre-Dame-des-Marais en paroisse, le 7 avril treize cent soixante-sept.

Ce nouveau presbytère, situé dans la ruelle Gaudard, fut occupé jusqu'en 1476 par les curés de la Ferté. Le dernier qui l'habita fut maître Jugoul, qui l'échangea contre une rente de six livres que lui fit la fabrique, en attendant qu'on lui fournît une maison plus convenable. Peu de temps après cette cession, les procureurs, au nom des habitants, achetèrent une maison rue Tripet, pour y fonder le nouveau presbytère. Mais il paraît que ce ne fut qu'en 1482, que maître Jugoul y fit son entrée, et qu'il reçut de la fabrique une somme de 30 livres pour le disposer convenablement. La maison de la ruelle Gaudard servait alors au dépôt des matériaux nécessaires à la construction de l'église.

Maître Jugoul mourut en 1501. Pendant l'exercice de ses fonctions, les habitants achetèrent des emplacements pour agrandir la nef (1484); ils firent exécuter la verrière de la grande croisée pour cent livres et traitèrent avec Baudot pour la menuiserie de l'orgue, moyennant soixante livres (1501). (6)

**Voici les noms de ses successeurs.**

Maître Bureau, chanoine de l'église du Mans, de 1501 à 1539.

En 1505 on achète le dortoir de Mauconseil, en 1523 la totalité de cette maison. En 1529 on fait la bénédiction des cha-

(6) La seule restauration de ce même orgue a coûté, à une époque récente, 2,500 fr.

pelles. En 1536 la partie instrumentale de l'orgue.

Maître Couret, de 1240 à 1569. Dans l'année 1541 on reconstruit le presbytère de la rue Tripet : le curé y contribue pour cent écus soleil (l'écu de quarante-cinq sols). La même année on fait plomber les galeries de la nef pour dix deniers la livre et l'on voûte la chapelle Saint-Nicolas, dédiée aussi à la Vierge.

Maître Jacques Leclerc, de 1569 à 1602.

En 1569 les ressources de la fabrique étant épuisées, on vend le jardin des Trois-Rois au prix de cent écus soleil (l'écu de quarante-cinq sols) pour finir trois arcs-boutants du chœur.

Me. Jacques Leclerc prend le titre de Prieur de Cherré; c'est le premier qui ait pris ce titre. En 1577 on fait les voûtes de Sainte-Catherine. En 1586 celle sous les cloches. En 1589 celle du cadran. En 1596 on finit les voûtes du chœur.

Maître Séverin BERTRAND, 1603-1632.

Construction de la Chapelle Ronde, aujourd'hui la sacristie, de 1616 à 1624 une épidémie enlève 231 individus dans l'année 1631 le chiffre moyen est de 70.

Maître Noël MELIN, de 1632 à 1639.

Maître Louis MONTAGNE, 1639 à 1650.

Maître Christophe GIGOUL, de 1651 à 1666, né à la Ferté en l'an 1597.

Maitre Étienne DOLBEAU, de 1666 à 1707, décédé à 64 ans.

Maître Louis FRAYER, de 1707 à 1713, décédé à 47 ans.

Maître François GUILLOCHON, de 1713 à 1764 décédé à 84 ans: il vit détruire le jubé en 1715, poser la grille du chœur et supprimer la flèche qui surmontait la tour en 1746. Pendant qu'il exerçait ses fonctions, le Parlement de Paris réunit le revenu de l'abbaye de la Pelice au séminaire Saint-Charles.

Maître BELLENFANT, de 1764 à 1784, né au Mans, décédé à 65 ans.

Maître JOUSSE, de 1784 à 1791, déporté, décédé à Saint-Malo, en 1792.

Maître CHORIN, curé constitutionnel, de 1791 à 1793, il se désista de son titre et rentra dans la vie privée.

MM. Bosse. ancien oratorien; Jérosme Meselet, recollet; Gressier, prêtre organiste, prêtres volontaires de 1796 à 1800. Le père Jérosme resta le dernier et exerça ses fonctions jusqu'en 1815, époque à laquelle il décéda à l'âge de 96 ans.

M. Janvier, ancien curé de Boissé-le-Cep, desservant provisoire, le premier qui exerça ses fonctions après la Révolution, et qui fit la bénédiction de l'église après la suppression des fêtes patriotiques.

Monsieur Lechesne, ancien curé de Thorigné, nommé à la cure de la Ferté par Monseigneur De Pidoll, évêque du Mans après le concordat. M. le Chesne fût installé en 1802 et mourût en 1821, âgé de 71 ans.

M. Pierre-René Grénesche, vicaire de M. Lechesne, est nommé curé en 1821, il meurt en septembre 1842, à 79 ans.

M. Joseph-Marin Gébert, né à Mayenne, le vingt novembre mil sept cent quatre-vingt-sept, chanoine honoraire de la cathédrale de Saint-Julien, au Mans, est nommé curé le 31 octobre 1842, et installé le premier décembre suivant.

FIN.

www.ingramcontent.com/pod-product-compliance
Ingram Content Group UK Ltd.
Pitfield, Milton Keynes, MK11 3LW, UK
UKHW051023210726
13857UKWH00007B/1251